高校入試 近道問題 **17** 理科知識

この本の特色

① **コンパクトな問題集**

　入試対策として必要な単元・項目を短期間で学習できるよう，コンパクトにまとめた問題集です。直前対策としてばかりではなく，自分の弱点を見つけ出す診断材料としても活用できるようになっています。

② **豊富なデータ**

　英俊社の「高校別入試対策シリーズ」の豊富な入試問題から問題を厳選してあります。

③ **知識問題に特化**

　この問題集には，計算問□□□□□□□□□□□□□□せん。知識のみで解答できる問題を抽出し，必

④ **重要語句の復習に対応**

　「重要語句の確認」では□□□□□□□□□□重要語句を確認することができます。まずはこちらに□□□□心Mている内容は教科書で復習しましょう。

この本の内容

1 重要語句の確認 近道問題

光・音・力

○ 太陽や電灯のように，自ら光を出すものを ① [____] という。

○ 光がまっすぐ進むことを ② [____] といい，
物体の表面で光がはね返ることを ③ [____] という。

○ 右図のアは ④ [____] 角，イは ⑤ [____] 角，
ウは ⑥ [____] 角を表している。

○ 光軸に平行な光が凸レンズを入射すると ⑦ [____] を通るように屈折する。

○ 振動して音を出すものを ⑧ [____] という。また， ⑧ が1秒間に振動する回数を ⑨ [____] という。

○ 力の大きさの単位は ⑩ [____] が使われる。

○ 場所が変わっても変化しない，物質そのものの量を ⑪ [____] という。

電気のはたらき

○ －の電気を帯びた小さな粒子を ① [____] という。

○ 右図アは ② [____]，右図イは ③ [____]
を表した回路図である。

○ 電流の大きさを表す単位は ④ [____]，
電圧の大きさを表す単位は ⑤ [____]，
電気抵抗の大きさを表す単位は ⑥ [____]。

○ 1秒間あたりに使われる電気エネルギーを表す値を ⑦ [____] という。

○ 電流を流すときに発生する熱の量を ⑧ [____] という。

○ 磁力がはたらく空間のことを ⑨ [____] といい， ⑨ の中に置いた磁針の
N極が指し示す向きを ⑩ [____] という。

○ コイルに磁石を近づけると磁界が変化し，コイルに電流が流れる。この現象
を ⑪ [____] といい，このときに流れる電流を ⑫ [____] という。

○ 電流の流れる向きが周期的に変化する電流を ⑬ [____] という。

運動とエネルギー

○ ある距離を一定の速さで動いたときの速さを ① [____] といい，時間によっ
て刻々と変化する速さを ② [____] という。

○ 一直線上を一定の速さで進む運動を ③ [____] という。

○ 力がはたらいていない，または合力が0のとき，物体は静止または ③ [____] を
続ける。このような物体の性質を ④ [____] という。

○ 運動エネルギーと位置エネルギーの和を ⑤ [____] という。

○ どんな道具を使っても，同じ高さまで物体を持ち上げたときの仕事の大きさ
は変わらない。このことを ⑥ [____] という。

物質

○ 物質の単位体積あたりの質量を①_____という。

○ 二酸化炭素は空気よりも重い気体で，②_____を白くにごらせる。

○ 酸素は水にとけにくい気体なので，③_____で集める。

○ ④_____は非常に軽い気体で，火を近づけると音を立てて燃える。

○ 食塩水を作ったとき，とけている物質（食塩）を⑤_____といい，とかす液体（水）を⑥_____という。

○ 1種類の物質でできているものを⑦_____，数種類の物質が混ざりあったものを⑧_____という。

○ 100gの水にとかすことのできる物質の質量を⑨_____という。また，温度による⑨の差を利用して結晶を取り出すことを⑩_____という。

○ 液体が沸騰し始める温度を⑪_____，固体が液体に変化し始める温度を⑫_____という。また，⑪の違いを利用して，混合物を沸騰させて出てくる気体を冷やして再び液体として取り出すことを⑬_____という。

化学変化

○ 1種類の物質が2種類以上の物質に分かれる化学変化を①_____といい，特に物質に熱を加えることで①することを②_____という。

○ それ以上分割できない最小の粒のことを③_____といい，③がいくつか結びついた粒のことを④_____という。

○ 炭酸水素ナトリウムを加熱したときの化学反応式は，

⑤_____ → Na_2CO_3 + H_2O + ⑥_____

○ 物質が酸素と結びつくことを⑦_____といい，熱や光を出しながら⑦されることを特に⑧_____という。

○ 酸化物が酸素をうばわれる化学変化を⑨_____という。

○ 化学変化の前後では物質全体の質量は変わらない。この法則を⑩_____という。

○ 熱を周囲に放出する化学変化を⑪_____といい，周囲から熱をうばう化学変化を⑫_____という。

○ 水にとけると水溶液に電流が流れる物質を⑬_____という。

○ 水素イオンと水酸化物イオンとが結びついて互いの性質を打ち消しあう反応のことを⑭_____という。

○ 主な試薬

	酸性	中性	アルカリ性
赤色リトマス紙	変化なし	変化なし	青色に変化
青色リトマス紙	赤色に変化	変化なし	変化なし
BTB溶液	⑮	緑色	⑯
フェノールフタレイン溶液	⑰	無色	⑱

植物	○ 右図のアは ① [ ] ，イは ② [ ] ，ウは ③ [ ] である。 ○ ① に花粉がつくことを ④ [ ] という。 ○ シダ植物は ⑤ [ ] でふえ，根・茎・葉の区別は ⑥ [ ] ○ 光合成は細胞中の ⑦ [ ] で行われる。 ○ 維管束の中で，根から吸収された水が通る管を ⑧ [ ] ，葉でつくられた養分が水にとけやすいものに変えられた後に通る管を ⑨ [ ] という。 ○ 根から吸い上げられた水が葉の気孔から出ていくことを ⑩ [ ] という。

○ 背骨をもつ動物を ① [ ] という。 ① のなかまのふやし方は，両生類は ② [ ] で，ホニュウ類は ③ [ ] である。

○ 節足動物などに見られる，体の表面をおおう殻を ④ [ ] という。

○ 軟体動物の内臓は ⑤ [ ] でおおわれている。

○ アミラーゼは ⑥ [ ] を分解する消化酵素である。

○ タンパク質が分解されると ⑦ [ ] になる。

○ 脂肪が分解されると脂肪酸と ⑧ [ ] になり，柔毛で吸収されたあと再び脂肪に戻り， ⑨ [ ] に入る。

○ 酸素を多く含む血液のことを ⑩ [ ] という。

○ 全身から心臓に戻ってきた血液は ⑪ [ ] に入る。また，肺から戻ってきた血液は ⑫ [ ] から全身に送られる。

○ 血液の成分のうち，酸素を運ぶはたらきをもつのは ⑬ [ ] ，養分や不要な物質を運ぶはたらきをもつのは ⑭ [ ] である。

○ 脳やせきずいは ⑮ [ ] と呼ばれ， ⑮ から枝分かれした末しょう神経と合わせて神経系という。

○ 刺激を受けて無意識に起こる反応のことを ⑯ [ ] という。

（動物）

○ 体細胞分裂によって子をつくる生殖を ① [ ] といい，雌雄の親がかかわって子をつくる生殖を ② [ ] という。

○ ２種類の生殖細胞がそれぞれ結合して１つの細胞になることを ③ [ ] といい，生殖細胞がつくられるときに行われる細胞分裂を ④ [ ] という。

○ 親の形質が子や孫に伝わることを ⑤ [ ] という。

○ 種子の形や色など，どちらか一方しか現れない２つの形質を ⑥ [ ] と呼ぶ。 ⑥ をもつ純系をかけあわせたときに子に現れる形質を ⑦ [ ] ，現れない形質を ⑧ [ ] という。

○ 遺伝子の本体は ⑨ [ ] という，染色体に含まれる物質である。

○ 生物の特徴が長い年月をかけて変化することを ⑩ [ ] という。

（生物のつながり）

○　火山岩のつくりは ① ＿＿＿＿＿，深成岩のつくりは ② ＿＿＿＿＿ である。

○　火成岩の特徴

火山噴出物の色	白っぽい	⟸　⟹	黒っぽい
ねばりけ	強い	⟸　⟹	弱い
火山岩	流紋岩	安山岩	③
深成岩	④	せん緑岩	はんれい岩

○　白っぽい火成岩には無色鉱物の ⑤ ＿＿＿＿＿ や長石が多く含まれる。

○　地震の発生場所を ⑥ ＿＿＿＿＿ ，⑥ の真上の地点を ⑦ ＿＿＿＿＿ という。

○　地震のゆれの大きさは ⑧ ＿＿＿＿＿ で表され，地震の規模は ⑨ ＿＿＿＿＿ で表される。

○　地震で初めに伝わるゆれを ⑩ ＿＿＿＿＿ といい，その後に大きなゆれである ⑪ ＿＿＿＿＿ が伝わるまでの時間を ⑫ ＿＿＿＿＿ という。

○　地層が堆積した当時の環境を示す化石を ⑬ ＿＿＿＿＿ ，地層が堆積した年代を示す化石を ⑭ ＿＿＿＿＿ という。

大地

○　単位面積あたりにはたらく力のことを ① ＿＿＿＿＿ という。

○　1 m³の空気が含むことのできる水蒸気の最大量を ② ＿＿＿＿＿ という。

○　③ ＿＿＿＿＿ 前線が近づくと，強い雨が短時間降る。③ 前線が通過した後，気温は下がり，風向は北寄りに変わる。

○　日本付近の天気は ④ ＿＿＿＿＿ の影響により，西から東に変わることが多い。

○　日本付近では，冬は ⑤ ＿＿＿＿＿ の季節風，夏は ⑥ ＿＿＿＿＿ の季節風がふく。

○　梅雨前線は，太平洋上の ⑦ ＿＿＿＿＿ 気団とオホーツク海上の ⑧ ＿＿＿＿＿ 気団の勢力が同じくらいになるときにできる。

○　台風は熱帯低気圧のうち，最大風速が ⑨ ＿＿＿＿＿ m/s以上になったもの。

天気

○　自ら光を出してかがやく天体を ① ＿＿＿＿＿ ，① のまわりを回る天体を ② ＿＿＿＿＿ ，② のまわりを回る天体を ③ ＿＿＿＿＿ と呼ぶ。

○　地球の ④ ＿＿＿＿＿ による太陽の見かけの動きを，太陽の日周運動という。

○　季節によって見える星座が変わるのは，地球の ⑤ ＿＿＿＿＿ によるもの。

○　北半球において，南中高度が最も高くなるのは ⑥ ＿＿＿＿＿ の日で，⑥ の日の出の方角は真東よりも ⑦ ＿＿＿＿＿ になる。

○　太陽が月にかくされる現象を ⑧ ＿＿＿＿＿ ，月が地球の影に入る現象を ⑨ ＿＿＿＿＿ という。

○　太陽系の天体には，小型で密度の大きい ⑩ ＿＿＿＿＿ と，大型で密度の小さい ⑪ ＿＿＿＿＿ に分けられる。

天体

2 入試問題にチャレンジ！ 近道問題

■ 物理分野 ■

§1. 光・音・力

1 以下の問いに答えなさい。 （大商学園高）

(1) 自ら光を出す物体のことを何というか，答えなさい。
（　　　　　）

(2) 鏡に反射する光の道すじを図1のように示した。このときAの角度のことを何というか，答えなさい。
（　　　　　）

(3) 図1のAとBの角度の関係として正しいものを1つ選び，記号で答えなさい。（　　　　）

ア　A＞B　　イ　A＝B　　ウ　A＜B

(4) 図2で，空気から水に入る光の道すじとして，正しいものをア〜ウから1つ選び，記号で答えなさい。（　　　　　）

(5) 物体の表面に細かい凹凸がある場合，光はさまざまな方向に反射する。このような現象を何というか，答えなさい。（　　　　　）

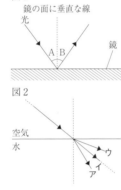

図1

鏡の面に垂直な線
光
A B
鏡

図2

空気
水
ウ
イ
ア

2 光の性質に関する以下の問いに答えなさい。 （四天王寺高）

(1) 光が異なる物体の境目を通過するとき，光の進む向きがかわる現象を何というか。（　　　　　）

(2) (1)の現象と関係のないものはどれか。（　　　　）

ア　プールに入ると見た目よりも深かった。

イ　ルーペをつかうと物が見やすくなった。

ウ　湖面に富士山が逆さまに映って見えた。

エ　水の中のストローが太く見えた。

(3) 水中やガラス中から空気中へ光が進むとき，入射角がある角度（この角を臨界角という）より大きくなると光は空気中へは出て行かなくなる。このような現象を何というか。（　　　　　）

3 次の文中の空欄①〜③に入る語句を漢字で答えなさい。

①(　　　　　) ②(　　　　　) ③(　　　　　)　　　　　(橿原学院高)

　凸レンズの光軸に平行な光を当てると，光は（ ① ）して1点に集まる。この点を凸レンズの（ ② ）という。（ ② ）より外側に置いた物体から出た光は，凸レンズを通った後，1点に集まりスクリーン上に映る。この像を（ ③ ）という。

4 モノコードに弦を張り，音の大小や高低を調べた。次の文中の（ ① ）〜（ ③ ）にあてはまる語句を正しく組合わせたものはどれか。下の**ア〜ク**のうちから一つ選びなさい。(　　　)　　　　　(京都外大西高)

　弦を強くはじくほど，大きい音が出た。この弦の振動のはばを（ ① ）という。また，弦の振動する部分を（ ② ）するほど，弦の張りを（ ③ ）するほど高い音が出た。

	ア	イ	ウ	エ	オ	カ	キ	ク
(①)	振幅	振幅	振幅	振幅	振動数	振動数	振動数	振動数
(②)	短く	短く	長く	長く	短く	短く	長く	長く
(③)	強く	弱く	強く	弱く	強く	弱く	強く	弱く

5(1)　次の（　　　）の①〜③にあてはまるものをそれぞれ選び，記号で答えなさい。①(　　　) ②(　　　) ③(　　　)　　　　　(英真学園高[改題])

　1つの物体にはたらく2つの力がつり合っているとき，2つの力の向きは互いに①(**ア** 同じ　**イ** 反対)で，同じ②(**ウ** 直線上　**エ** 作用点)にはたらき，力の大きさは③(**オ** 異なる　**カ** 等しい)。

(2)　図1のような，水平な机の上に物体を置いたとき，物体にはたらく重力は机から物体にはたらく力とつり合っている。この机から物体にはたらく力を何というか答えなさい。

図1

(　　　　　)

6 次の各問いに答えなさい。　　　　　(金蘭会高)

図1

(1)　図1のように，容器の側面に同じ大きさの穴ア〜ウをあけ，穴に栓をした後，容器に水を満たした。3つの栓を同時にはずした時，水が最も遠くまで飛ぶのはどの穴ですか。記号で答えなさい。(　　　)

(2) 図2のように，物体X全体が水中にある時，物体Xには水圧がどのように
にはたらきますか。下の**ア～エ**から選び，記号で答えなさい。ただし，矢印
の長さが水圧の大きさを示している。（　　　　）

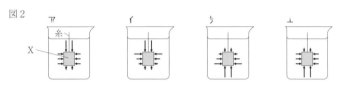

図2

§2. 電気のはたらき

1 回路について，以下の各問いに答えなさい。　　　　　　　　　　（大阪青凌高）

(1) 電流の大きさを表す単位の記号は〔A〕を使います。読み方を答えなさい。
（　　　　　　　　　）

(2) 1 mA は何 A ですか。（　　　　　　A）

(3) 図1の豆電球に流れる電流の大きさをはかるために，　　図1
電流計を使いました。電流計の使い方について，①～③
にあてはまる語句をそれぞれ選びなさい。

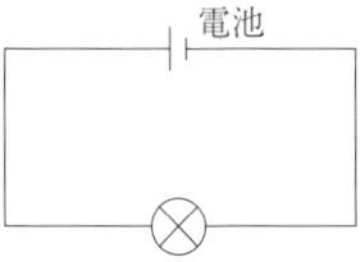

①（　　　　）②（　　　　）③（　　　　　　）

・電流計は，豆電球と①（直列，並列）につなぐ。

・電池の＋側につないだ導線を電流計の②（＋，－）端子につなぐ。

・電流の大きさが予想できないとき，いちばん③（大きい，小さい）電流がは
かれる－端子につなぐ。

2 図1，図2のような回路を，それぞれの抵抗　　図1　　　　　図2　抵抗器
器のつなぎ方から何というか。

図1（　　　　）　図2（　　　　　）

（京都精華学園高）

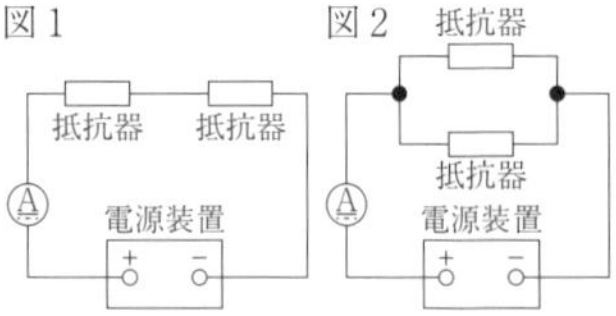

3 私たちの生活に欠かせない電気は，発電機によって作り出されている。後の
問いに答えなさい。　　　　　　　　　　　　　　　　　　　　　　（綾羽高）

(1) 発電機に使われているモーターは，コイルの中の磁界を変化させることで
電圧が生じ，電流が流れる。この現象を何というか，答えなさい。

（　　　　　　　　　）

(2) 発電機から取り出される電流は，電流の向きが周期的に変化している。このような電流を何というか，答えなさい。（　　　　　　　）

(3) (2)のように，1秒間にくり返す電流の変化の回数を何というか，答えなさい。（　　　　　　　）

(4) (3)で用いられる単位を何というか，答えなさい。（　　　　　　　）

(5) 乾電池は，＋極と－極が決まっているため，電流は一方向にしか流れない。このような電流を何というか，答えなさい。（　　　　　　　）

4 次の各問いに答えなさい。　　　　　　　　　　　　（京都精華学園高）

(1) 次のア〜オのうち，導体であるものをすべて選び，記号で答えなさい。

（　　　　　　　）

ア　銅　　イ　鉛筆の芯　　ウ　ゴム　　エ　プラスチック　　オ　コルク

(2) 放電管の管内の空気を真空ポンプでぬき，大きな電圧を加えると，わずかな電流が流れ始める。このように，気圧を低くした空間に電流が流れる現象を何というか答えなさい。（　　　　　　　）

(3) (2)の現象を調べるために，次のような実験を行った。

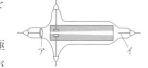

〈実験〉　図のような蛍光板が入った放電管の電極アとイの間に大きな電圧を加えると，放電が起こり，蛍光板上にまっすぐな明るい筋が見えた。

この実験について述べた次の文の（　　）に適した語を答えなさい。

①（　　　　　）②（　　　　　）③（　　　　　）

実験で見られた明るい筋は，（　①　）の電気をもつ小さな粒の流れであり，この粒は（　②　）と呼ばれる。また，この明るい筋を（　③　）という。

5 電流と磁界について，次の文章を読み，後の問いに答えなさい。

（東山高[改題]）

導線に電流が流れると，その周囲には（　①　）に磁界ができる。コイルは導線をらせん状に巻いたもので，電流を流したコイルの内側にはコイルの軸に（　②　）な磁界ができ，外側には棒磁石と同じような磁界ができる。電源につないでいないコイルを検流計につなぎ，棒磁石を近づけると，電流が流れて検流計の針が振れる。このとき流れる電流を（　③　）という。

(1) 文中の（ ① ），（ ② ）にあてはまる語の組合
せとして最も適切なものを右の中から1つ選び，
記号で答えなさい。（　　　）

(2) 文中下線部のような現象を何というか，漢字4
字で答えなさい。[　|　|　|　]

(3) 文中の（ ③ ）にあてはまる語を，漢字4字で答えなさい。[　|　|　|　]

	①	②
ア	放射状	平行
イ	放射状	垂直
ウ	同心円状	平行
エ	同心円状	垂直

§3. 運動とエネルギー

1 物体にはたらく力について，後の問いに答えなさい。　　　（綾羽高）

(1) 右図のような A の力を何というか，答えな
さい。（　　　）

運動の向き

力A

(2) 電車が停止している状態から発進したとき，乗客はどのような動きをする
か。正しいものをア～ウより選び，記号で答えなさい。（　　　）

　ア　静止したまま　　イ　進行方向に動く　　ウ　進行方向と逆方向に動く

(3) (2)のように静止している物体は静止しつづけ，運動している物体は運動し
つづけようとする性質を何というか，答えなさい。（　　　）

2 図のように，力学台車に紙テープをつけ，静かに
手をはなしたあとの台車の運動を記録タイマーで記
録した。これについて，次の各問いに答えなさい。

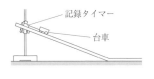

記録タイマー
台車

（華頂女高[改題]）

(1) 台車が斜面上を運動しているとき，台車にはたらく斜面に平行な方向の力
の大きさはどうなるか。次のア～ウから適するものを1つ選び，記号で答え
なさい。（　　　）

　ア　変わらない。

　イ　だんだん大きくなる。

　ウ　だんだん小さくなる。

(2) 次の文は，台車が斜面上を運動しているとき，台車にどのような力がはた
らいているかをのべたものである。文中の（　　　）内に適する語句を，後の
ア～オから選び，記号で答えなさい。

　　①（　　　）②（　　　）③（　　　）

斜面の上の台車が斜面を下っていくとき，斜面上の台車にはたらく重力は，斜面に垂直な（　①　）と斜面に平行な（　①　）に分解して考えることができる。斜面に垂直な（　①　）は，斜面が台車を押し上げる（　②　）とつり合うので，台車の運動に関する力は，斜面に（　③　）な（　①　）である。このとき，斜面の傾きが大きいほど，斜面に（　③　）な（　①　）は大きくなる。

ア　重力　　イ　抗力　　ウ　垂直　　エ　平行　　オ　分力

(3)　斜面の傾きが大きくなって，物体が真下に自然に落下するときの運動を何というか答えなさい。（　　　　　　　）

3　仕事に関してまとめた次の文の（　　）を埋めて文章を完成させなさい。ただし，①に関しては選択肢ア～ウから適切なものを1つ選び，記号で答えなさい。①（　　　　　）②（　　　　　）　　　　　　　　　（博多女高[改題]）

物体を引き上げるときの仕事の大きさは，図1のようにまっすぐ上向きに引き上げるときと，図2のように斜面に沿って引き上げるときとを比べると（　①　）。これを（　②　）の原理という。

選択肢　ア　まっすぐ引き上げるほうが大きい

　　　　イ　斜面に沿って引き上げるほうが大きい

　　　　ウ　どちらも等しい

図1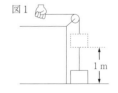

図2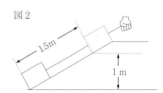

4　次のエネルギーの一般的な名称を答えなさい。　　　　　　（大阪国際高）

(1)　石油や石炭などの燃料を燃やすと熱が発生します。この石油や石炭が持っているエネルギーを何といいますか。（　　　　　　　）

(2)　水が水蒸気になるとタービンを回す仕事ができます。この水蒸気が持っているエネルギーは何といいますか。（　　　　　　　）

(3)　タービンが回転すると発電機を回す仕事ができます。このタービンが持っているエネルギーは何といいますか。（　　　　　　　）

■ **化学分野** ■

§1. 物　質

1 次のA〜Eの文章は，ある気体の性質を表したものである。次の問いに答え
なさい。
（英真学園高）

A　空気中におよそ 80 ％含まれる気体で，色やにおいもなく，水に溶けにく
い気体である。

B　水に非常によく溶ける気体で，その水溶液はアルカリ性を示す。空気より
軽い気体で特有の鼻をつくようなにおい（刺激臭）がある。

C　空気より重い気体で，水に少し溶けその水溶液は酸性を示す。また，その
気体を石灰水に通すと石灰水が白くにごる。

D　空気におよそ 20 ％含まれる気体で，水に溶けにくい気体である。ものを
燃やすのを助けるはたらきがある（助燃性）。

E　空気より軽い気体で，水に溶けにくい気体である。火をつけると爆発して
燃える性質（可燃性）がある。

(1)　A〜Eは何の気体の性質をあらわしたものかア〜オの中から選び，記号で
答えなさい。

　　　A（　　　）　B（　　　）　C（　　　）　D（　　　）　E（　　　）

　　ア　酸素　　イ　二酸化炭素　　ウ　窒素　　エ　水素　　オ　アンモニア

(2)　Bの気体を実験で発生させるとき，その気体の集め方を下の中から選び，
記号で答えなさい。（　　　）

　　ア　上方置換法　　イ　下方置換法　　ウ　水上置換法

(3)　B，C，D，Eの気体を発生させるときに必要な物質の組み合わせを以下
から選び，記号で答えなさい。

　　　B（　　　）　C（　　　）　D（　　　）　E（　　　）

　　ア　二酸化マンガンとオキシドール

　　イ　塩化アンモニウムと水酸化カルシウム

　　ウ　鉄と塩酸

　　エ　石灰石と塩酸

2 以下の問いに答えなさい。 （天理高[改題]）

(1) 次の文中の（ ① ），（ ② ）に適する語句を漢字で答えなさい。

①（　　　　　） ②（　　　　　）

物質を水にとかすとき，水にとける物質のことを（ ① ），水のように物質をとかす液体のことを（ ② ）という。

(2) 物質を水にとかし，温度を下げたり水を蒸発させたりして，とけた物質を取り出す操作を何といいますか。漢字で答えなさい。（　　　　　）

3 硝酸カリウム，ミョウバン，塩化ナトリウムを顕微鏡で観察した図として適切なものを，次の**ア～ウ**からそれぞれ選び記号で答えなさい。

硝酸カリウム（　　） ミョウバン（　　） 塩化ナトリウム（　　）

（洛陽総合高[改題]）

4 図A，B，Cは気体，液体，固体いずれかの粒子の運動のようすを表している。これについて，次の各問いに答えなさい。

（福岡工大附城東高）

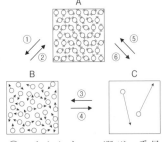

(1) A，B，Cのうち，気体と液体を表しているものをそれぞれ1つずつ選び，記号で答えなさい。気体（　　） 液体（　　）

(2) 冷却したときに起こる変化を図中の矢印①～⑥の中からすべて選び，番号で答えなさい。（　　　　　）

(3) 図中の矢印①～⑥の変化が起こるときの物質の質量と体積の変化について正しく述べたものを，次の**ア～エ**の中から1つ選び，記号で答えなさい。

（　　　　）

ア 質量も体積も変化する。

イ 質量は変化するが，体積は変化しない。

ウ 質量は変化しないが，体積は変化する。

エ 質量も体積も変化しない。

5 プラスチックは腐りにくく，さびないという性質があり，身の周りのさまざまな用途に使われています。プラスチックに関する次の問いに答えなさい。

（中村学園女高）

(1) プラスチックは炭素を含み，燃えると二酸化炭素と水が生成します。このように，燃えると二酸化炭素と水が生成する物質を何といいますか。漢字3字で答えなさい。□□□

(2) 近年，プラスチックごみの細かい破片が原因で海洋汚染が進み，海洋生物の生態系の破壊が起こっています。このような問題の原因となっているプラスチックのことを何といいますか。カタカナ10字で答えなさい。

□□□□□□□□□□

6 ガスバーナーに火をつける手順として正しいものを下の**ア～エ**から選び，記号で答えなさい。（　　　） （大阪学院大高）

① 調節ねじA・B（以下，ねじA・ねじB）が閉まっていることを確認する。

② ねじBを調節し，炎の大きさを10cmくらいにする。

③ ガスの元栓を開ける。

④ ねじBを動かさないようにして，ねじAをaの方向に回す。

⑤ コックを開ける。

⑥ ななめ下からマッチの火を近づけ，ねじBをaの方向に回して点火する。

⑦ ねじAを調節して青い炎にする。

ア ①→⑤→③→⑥→②→④→⑦　　**イ** ①→③→⑤→④→⑥→②→⑦

ウ ①→⑤→③→④→⑥→②→⑦　　**エ** ①→③→⑤→⑥→②→④→⑦

§2．化学変化

1 次の文は原子の構造やイオンのでき方について述べたものである。文中の（　）に適した語や符号を答えなさい。 （京都精華学園高）

①（　　　）　②（　　　）　③（　　　）　④（　　　）

⑤（　　　）　⑥（　　　）　⑦（　　　）　⑧（　　　）

⑨（　　　）

原子の中心には，＋の電気をもった（①）が1個あり，そのまわりを－の

電気をもった（ ② ）がいくつか回っている。（ ① ）は，原子に比べてたいへん小さい。（ ① ）は，＋の電気をもつ（ ③ ）と，電気をもたない（ ④ ）でできている。（ ① ）には（ ③ ）があるので，（ ① ）は＋の電気をもつ。原子の種類は，（ ① ）中の（ ③ ）の数で決まる。たとえば，水素原子は（ ③ ）を1個もち，炭素原子は（ ③ ）を6個もつ。周期表は原子を（ ③ ）の数の順に並べた表である。（ ③ ）と（ ② ）がもつ電気の量は同じで，電気の＋，－の符号が反対になっている。原子の中では，（ ③ ）の数と（ ② ）の数が等しいため，原子全体では電気をもたない。（ ② ）の質量は，（ ③ ）や（ ④ ）に比べてたいへん（ ⑤ ）。

電気的に中性な原子も，（ ② ）を放出したり受け取ったりすることがある。－の電気をもつ（ ② ）を放出すれば，（ ⑥ ）の電気を帯びた（ ⑦ ）イオンになる。（ ② ）を受け取れば，（ ⑧ ）の電気を帯びた（ ⑨ ）イオンになる。

2 鉄粉と硫黄をよく混ぜ合わせて2本の乾いた試験管A，Bに同量ずつ分けた。このうち，試験管Aだけに脱脂綿で栓をして図のように加熱したところ，試験管Aの内部が赤くなってきたので加熱をやめたが，反応は最後まで続いた。試

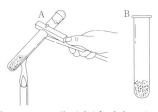

験管Aが冷えてから脱脂綿をはずし，①試験管A，Bに磁石を近づけてみた。さらに，②試験管A，Bにうすい塩酸を少量加えて発生する気体のにおいを調べた。次の問いに答えなさい。 （京都文教高[改題]）

(1) 上の下線部①，②のそれぞれの結果について，試験管A，Bのそれぞれに当てはまる組み合わせを次のア～カから1つずつ選びなさい。

A（　　　） B（　　　）

	① 磁石を近づけたとき	② うすい塩酸を加えて発生する気体のにおい
ア	磁石に引きつけられた	卵の腐ったようなにおい
イ	磁石に引きつけられた	鼻をつんと刺すようなにおい
ウ	磁石に引きつけられた	においはない
エ	磁石に引きつけられなかった	卵の腐ったようなにおい
オ	磁石に引きつけられなかった	鼻をつんと刺すようなにおい
カ	磁石に引きつけられなかった	においはない

(2) 試験管Aから発生した気体は何か。次のア〜カから1つ選びなさい。

　　　　　　　　　　　　　　　　　　　　　　　　　　（　　　　）

　　ア　酸素　　　　　イ　水素　　　　　ウ　硫化水素
　　エ　アンモニア　　オ　二酸化炭素　　カ　塩素

(3) 試験管Bから発生した気体と同じ気体を生じる反応を次のア〜オから1つ
　　選びなさい。（　　　）

　　ア　石灰石にうすい塩酸を加える。
　　イ　塩化銅水溶液を電気分解する。
　　ウ　うすいアンモニア水を加熱する。
　　エ　二酸化マンガンにうすい過酸化水素水を加える。
　　オ　水を電気分解する。

(4) 試験管Aに加熱後にできた物質の化学式を書きなさい。（　　　　　　）

3　酸化銀を加熱した時の変化を調べるため，かわ
いた試験管Aに酸化銀を入れ，図のように，ガス
バーナーで十分に加熱した。加熱している試験管
Aから，はじめに出てくる気体は集めず，しばら
くして出てきた気体を試験管Bに集めた。次の各
問いに答えなさい。　　　　　　　　　　（博多女高）

酸化銀　試験管A　試験管B

(1) 加熱する前の酸化銀の色を答えなさい。（　　　　　　）

(2) 酸化銀を十分に加熱した後，試験管Aに残った物質について答えなさい。

　　①　試験管Aに残った物質の色は何色か。（　　　　　　）

　　②　試験管Aに残った物質の性質についてあてはまるものを次のア〜キから
　　　　すべて選び，記号で答えなさい。（　　　　　　）

　　　　ア　磁石にくっつく　　イ　電気を通しやすい
　　　　ウ　熱を伝えやすい　　エ　燃やすと二酸化炭素が発生する
　　　　オ　磨くと光る　　　　カ　うすい塩酸をかけると水素が発生する
　　　　キ　たたいて延ばしたり広げたりしやすい

(3) 気体を集めた試験管Bに火をつけた線香を近づけると，どうなるか。次の
　　ア〜ウから1つ選び，記号で答えなさい。また，この気体の名称を答えなさ
　　い。記号（　　　）　名称（　　　　　　）

　　ア　火が消えた　　イ　変わらない　　ウ　激しく燃えた

4 右の図のように，炭酸水素ナトリウムを十分に熱したところ，気体が発生した。また試験管Ａ内の口付近に液体がついていた。さらに，加熱後の試験管Ａ内には白色の固体が残っていた。後の問いに答えなさい。

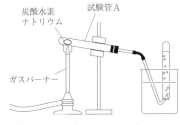

（綾羽高）

(1) 図のような気体の集め方を何というか，答えなさい。（　　　　　）

(2) 図のような集め方をする気体にはどのような性質があるか，答えなさい。
（　　　　　　　　　）

(3) 発生した気体は何か，答えなさい。（　　　　　）

(4) (3)を石灰水に通すとどのような変化がみられるか，答えなさい。
（　　　　　　　　　）

(5) 炭酸水素ナトリウムのように，加熱して別の物質に分かれる化学変化を何というか，答えなさい。（　　　　　）

5 右の図のような装置で十分加熱した酸化銅と炭素の混合物を加熱すると，気体Ａが発生し，試験管Ｙの石灰水が白くにごった。加熱後，ガラス管の先を抜いてガスバーナーの火を消し，ゴム管をピンチコックでとめて試験管Ｘを冷やした。このとき，試験管Ｘには加熱前と異なる色の物質Ｂが残っていた。この実験について，次の問いに答えなさい。

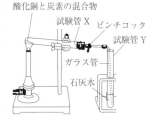

（大商学園高）

(1) 気体Ａ，物質Ｂの名称をそれぞれ何というか，漢字で答えなさい。
気体Ａ（　　　　　）　物質Ｂ（　　　　　）

(2) 物質Ｂは何色か，答えなさい。（　　　　　）

(3) 物質が酸素と結びつく化学変化を何というか，答えなさい。（　　　　　）

(4) (3)の中でも特に激しく熱や光を出しながら物質と結びつく変化を何というか，答えなさい。（　　　　　）

(5) この実験で「還元された物質」を化学式で答えなさい。（　　　　　）

6 亜鉛にうすい硫酸を入れると，気体が発生します。次の各問い答えなさい。

(近畿大泉州高)

(1) 発生した気体は何ですか。化学式で答えなさい。（　　　　　）

(2) 次の文は，発生した気体について述べたものです。文中の（ ① ）～（ ③ ）に当てはまる語句として，正しい組み合わせを下の**ア～カ**の中から1つ選び，記号で答えなさい。（　　　　）

　　発生した気体は（① A：金属　　B：非金属）の原子でできており，（ ① ）の原子が（② A：分子をつくって　　B：分子をつくらないで）物質になっている。また，成分からこの物質は（③ A：単体　　B：化合物）と呼ばれている。

	ア	イ	ウ	エ	オ	カ
①	A	B	A	A	B	B
②	A	A	B	A	A	B
③	A	A	A	B	B	B

(3) 次の**ア～オ**は，発生した気体の性質を述べたものです。正しいものをすべて選び，記号で答えなさい。また，すべて当てはまらない時は，×を書きなさい。（　　　　　）

　ア　石灰水を白くにごらせる気体である。

　イ　有色の気体である。

　ウ　空気より重い気体である。

　エ　刺激臭をもつ気体である。

　オ　赤色リトマス紙を青変させる気体である。

(4) 発生した気体と同じ気体を発生させるために，どのような実験を行えばよいですか。次の**ア～オ**の中から1つ選び，記号で答えなさい。（　　　　）

　ア　炭酸水素ナトリウムを加熱させる。

　イ　過酸化水素に触媒として酸化マンガンを加える。

　ウ　酸化銅(Ⅱ)に水素を通じて加熱させる。

　エ　石灰水にうすい塩酸を加える。

　オ　水を電気分解する。

7 酸とアルカリについて，次の各問いに答えなさい。 （大阪産業大附高）

(1) 次の文章の空らんa～eにあてはまる語句を，正しい順序に並べたものはどれですか。ア～カから1つ選び記号で答えなさい。（　　　　）

　　『中和反応とは，酸の水溶液中の（ a ）とアルカリの水溶液中の（ b ）が結びつき水ができる反応のことである。この反応で酸の水溶液中の（ c ）とアルカリの水溶液中の（ d ）が結びつくことによって（ e ）もできる。』

ア　a：OH^-　　b：H^+　　c：陽イオン　　d：陰イオン　　e：塩

イ　a：OH^-　　b：H^+　　c：陰イオン　　d：陽イオン　　e：塩

ウ　a：H^+　　b：OH^-　　c：陰イオン　　d：陽イオン　　e：塩

エ　a：H^+　　b：OH^-　　c：陽イオン　　d：陰イオン　　e：塩

オ　a：H^+　　b：OH^-　　c：陽イオン　　d：陰イオン　　e：糖

カ　a：H^+　　b：OH^-　　c：陰イオン　　d：陽イオン　　e：糖

(2) 右の表に示された酸・アルカリの名称の組み合わせとして，正しいものはどれですか。ア～オから1つ選び記号で答えなさい。（　　　　）

酸	HCl（ a ）	H_2SO_4（ b ）
アルカリ	NaOH（ c ）	$Ba(OH)_2$（ d ）

ア　a：硫酸　　b：塩化水素　　c：水酸化ナトリウム
　　d：水酸化バリウム

イ　a：硝酸　　b：塩化水素　　c：水酸化ナトリウム
　　d：水酸化バリウム

ウ　a：塩化水素　　b：硫酸　　c：水酸化バリウム
　　d：水酸化ナトリウム

エ　a：塩化水素　　b：硫酸　　c：水酸化ナトリウム
　　d：水酸化バリウム

オ　a：塩化水素　　b：硝酸　　c：水酸化ナトリウム
　　d：水酸化バリウム

(3) フェノールフタレイン溶液が示す色として，正しいものはどれですか。ア～オから1つ選び記号で答えなさい。（　　　　）

	酸性	中性	アルカリ性
ア	無色	無色	青色
イ	無色	無色	赤色
ウ	無色	赤色	赤色
エ	無色	青色	青色
オ	赤色	無色	無色

■ 生物分野 ■

§1. 植　物

1 以下の問いに答えなさい。 （滋賀学園高[改題]）

(1) 図1はステージ上下式顕微鏡である。a, bはそれぞれレンズ 図1
を表している。a, bそれぞれのレンズの名称を答えなさい。

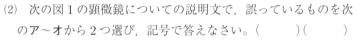

　　a（　　　　　）b（　　　　　）

(2) 次の図1の顕微鏡についての説明文で，誤っているものを次
のア〜オから2つ選び，記号で答えなさい。（　　　）（　　　）

　ア　直射日光の当たらない，明るい場所で使用する。

　イ　薄くて光を通すものを観察するのに適している。

　ウ　ピントを合わせるときは，レンズbとプレパラートを徐々に近づけなが
　　ら合わせていく。

　エ　倍率の高いレンズほど明るく観察することができる。

　オ　視野の明るさが不均一なときは，反射鏡で調節をする。　図2

(3) 図1の顕微鏡を用いてプランクトンを観察したところ，図
2のように見えた。この生物を視野の中央で観察するため
には，プレパラートをどの方向に移動させればよいか。図
2のア〜クから1つ選び，記号で答えなさい。（　　　）

2 ツユクサの葉の裏側の表皮を顕微鏡で観察すると図の
ように見えた。これについて，次の問いに答えなさい。

（京都明徳高）

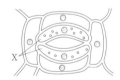

(1) 気孔のまわりの細胞Xを何というか。（　　　　　）

(2) 気孔から植物の体内の水分が水蒸気となって出ていくことを何というか。

（　　　　　）

3 植物の光合成について調べるため，以下のような実験を行いました。後の各
問いにあてはまるものを1つずつ選びなさい。 （大阪夕陽丘学園高）

手順1　アサガオのはち植えを暗所に1日置いた後，葉の一部をアルミはくで
おおい，日光に数時間当てた。

手順2　その後，葉を切り取ってエタノールの入ったビーカーにつけ，80℃の
　　　お湯で15分温めた。

手順3　処理した葉にA液をかけたところ，青紫色に変化した部分があった。

(1) A液として最も適当なものはどれか。(　　　)

　　ア　酢酸　　　　　イ　うすい塩酸　　　ウ　石灰水

　　エ　ヨウ素液　　　オ　BTB液

(2) 手順3で青紫色に変化した部分として最も適当なものはどれか。(　　　)

　　ア　アルミはくでおおわれていた部分

　　イ　アルミはくでおおわれていなかった部分

　　ウ　葉の周辺部　　　エ　葉の中央部　　　オ　葉の全部

(3) 手順3で青紫色に変化した部分では何がつくられていたと考えられるか。

　　　　　　　　　　　　　　　　　　　　　　　　　　　(　　　)

　　ア　アミノ酸　　　　イ　アンモニア　　　ウ　脂肪

　　エ　タンパク質　　　オ　デンプン

(4) 次の(　　)にあてはまるものの正しい組み合わせはどれか。(　　　)

　　植物は葉の裏の気孔から吸収した(　A　)と根から吸収した(　B　)を用
　　いて光合成し，気孔から(　C　)を放出する。

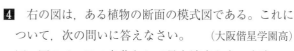

　　ア　A：酸素　　　　　　B：二酸化炭素　　　C：水蒸気

　　イ　A：酸素　　　　　　B：水　　　　　　　C：二酸化炭素

　　ウ　A：水蒸気　　　　　B：二酸化炭素　　　C：酸素

　　エ　A：水蒸気　　　　　B：酸素　　　　　　C：二酸化炭素

　　オ　A：二酸化炭素　　　B：酸素　　　　　　C：水蒸気

　　カ　A：二酸化炭素　　　B：水　　　　　　　C：酸素

4 右の図は，ある植物の断面の模式図である。これに
　ついて，次の問いに答えなさい。　　(大阪偕星学園高)

(1) 図のA～Fの名称として最も適当なものを次のア
　　～クよりそれぞれ選び，記号で答えなさい。

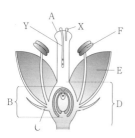

　　A(　　　)　B(　　　)　C(　　　)

　　D(　　　)　E(　　　)　F(　　　)

　　ア　花弁　　イ　がく　　ウ　子房　　エ　種子

　　オ　柱頭　　カ　胚珠　　キ　めしべ　　ク　やく

(2) 次の①，②に答えなさい。

① 図のXが，Aの先端につくことを何というか。（　　　　　　）

② 図のYの中を通り，Bまでとどけられるものの名称を答えなさい。

（　　　　　　　）

5 図は，マツとアブラナの花のつくりを示したものである。次の問いに答えなさい。　　　　　　　（金蘭会高）

(1) 雌花はどれですか。A～Cから選び，記号で答えなさい。（　　　　）

(2) マツの花のa，bは，アブラナの花のどの部分にあてはまりますか。図のc～hからそれぞれ選び，記号で答えなさい。a（　　　　）　b（　　　　）

(3) 受粉後，種子になる部分を図のa～hからすべて選び，記号で答えなさい。（　　　　　　　）

(4) (3)の部分の名称を答えなさい。（　　　　　　　）

(5) 受粉後，果実になる部分を図のa～hから選び，記号で答えなさい。

（　　　　　　　）

(6) (5)の部分の名称を答えなさい。（　　　　　　　）

6 植物について，次の問いに答えなさい。　　　　　　　（京都明徳高）

(1) 次の文はコケ植物の体のつくりについて説明したものである。正しい文になるように，文中の①・②についてどちらの語句が正しいか選び，答えなさい。①（　　　　　　）　②（　　　　　　　）

コケ植物の体には，水や養分を運ぶための維管束が①（あり，なく），葉や茎，根の区別が②（ある，ない）。

(2) (1)の文の下線部の維管束には，2つの管がある。そのうち根から吸収した水分や水にとけた栄養分を通す管を何というか漢字で答えなさい。

（　　　　　　　）

(3) 種子でなかまをふやす植物を種子植物というが，コケ植物は何によってなかまをふやすか答えなさい。（　　　　　　）

(4) コケ植物と同じような方法でなかまをふやす植物は何植物か答えなさい。

（　　　　　　　）

7 　地球上で生活している植物の数は，約20万種とも約30万種ともいわれている。これらの植物がもつ特徴を整理したところ，図のようになかま分けを行うことができた。これについて，次の各問いに答えなさい。　　　　（華頂女高[改題]）

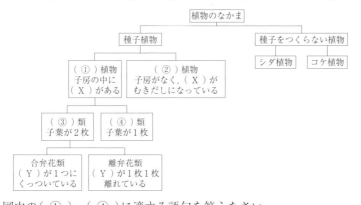

(1)　図中の（ ① ）～（ ④ ）に適する語句を答えなさい。

　　①（　　　　　）　②（　　　　　）　③（　　　　　）　④（　　　　　）

(2)　図中の（ X ）と（ Y ）に適する語句を答えなさい。

　　X（　　　　　）　Y（　　　　　）

(3)　次の文は，図中の（ ③ ）類と（ ④ ）類の根のつくりについて説明したものである。文中の　 A 　～　 C 　に適する語句を答えなさい。

　　A（　　　　　）　B（　　　　　）　C（　　　　　）

　　（ ③ ）類は，太い根を中心に，それから枝分かれして細い根が広がっている。この中心の太い根を　 A 　，枝分かれしている細い根を　 B 　という。

　　（ ④ ）類は，太い根がなく，多数の細い根が地中で広がっている。このような根を　 C 　という。

(4)　シダ植物とコケ植物のうち，シダ植物にだけあてはまる特徴を，次のア～エから1つ選び，記号で答えなさい。（　　　　　）

　　ア　雄株と雌株に分かれている。

　　イ　維管束がある。

　　ウ　光合成を行う。

　　エ　胞子によってふえる。

§2. 動　　物

1 血液は有形成分と液体成分に分けられます。そ
して，有形成分は赤血球，白血球，血小板に分け
られ，液体成分は（ ① ）と呼ばれます。また，
赤血球には（ ② ）というタンパク質が含まれて
おり，これが酸素と結合することで，血液の循環
によって酸素が全身に運ばれています。図はヒト
の血液循環を模式的に示したものであり，図中の
矢印は血液の流れる方向を示しています。次の問
いに答えなさい。　　　　　　　（近畿大泉州高）

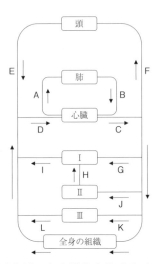

(1) 文章中の（ ① ），（ ② ）に当てはまる語句
を答えなさい。

　　①（　　　　　）②（　　　　　　）

(2) 静脈では，動脈に比べて血管の壁が薄く，血圧も低いため逆流を防ぐため
のある特徴があります。その特徴とは何ですか。漢字一字で答えなさい。

　　　　　　　　　　　　　　　　　　　　　　　　　　（　　　　　）

(3) 図のA，B，C，Dの血管は心臓
のどの部分とつながっていますか。
その組み合わせとして正しいものを
右のア～クの中から１つ選び，記号
で答えなさい。（　　　）

	A	B	C	D
ア	右心房	右心室	左心房	左心室
イ	左心房	左心室	右心房	右心室
ウ	右心室	右心房	左心室	左心房
エ	左心室	左心房	右心室	右心房
オ	右心房	左心室	左心室	右心房
カ	右心房	左心房	左心室	右心房
キ	左心房	右心室	右心室	左心房
ク	左心室	右心房	右心房	右心室

(4) 図のⅠ～Ⅲにあてはまる器官を次
の中から１つずつ選び，記号で答え
なさい。

　　Ⅰ（　　　）　Ⅱ（　　　　）

　　Ⅲ（　　　）

　ア　腎臓　　イ　胆のう　　ウ　肝臓　　エ　小腸　　オ　大腸

(5) A～Lの血管において酸素が最も多く含まれる血液が流れるのはどこです
か，記号で答えなさい。（　　　　　）

2 次の文を読んで，後の各問いに答えなさい。図は，ヒトの有機物を消化する消化液のはたらきについて表したものです。

（大阪信愛学院高[改題]）

消化器官	消化液	有機物		
		ア	イ	ウ
口	A			
胃	胃液			
胆のう	B			
すい臓	すい液			
小腸	腸液			
		エ	オ	カ+キ
		分解物		

(1) 食物の通り道は，口から肛門まで1本の管になってつながっている。この管を何といいますか。（　　　　　）

(2) 口，胆のうから出される消化液 A，B を何といいますか。
　　A（　　　　　）　B（　　　　　）

(3) 消化液に含まれ，有機物を分解するはたらきをもつ物質を何といいますか。
　　　　　　　　　　　　　　　　　　（　　　　　）

(4) 胃液に含まれている(3)の物質の名称を答えなさい。（　　　　　）

(5) 図の有機物ア〜ウは何ですか。それぞれ名称を答えなさい。
　　ア（　　　　）　イ（　　　　）　ウ（　　　　）

(6) 有機物ア〜ウが分解されてできる分解物エ〜キの名称を答えなさい。
　　エ（　　　）　オ（　　　）　カ（　　　）　キ（　　　）

(7) ヒトの器官のうち，消化された分解物エ〜キが吸収される器官はどこですか。（　　　　　）

(8) (7)の器官の内部には細かい突起が無数にみられる。この突起の名称を答えなさい。（　　　　）

(9) (7)で答えた器官で吸収された分解物エとオが，次に運ばれる器官の名称を答えなさい。（　　　　）

3 ヒトの呼吸に関するしくみについて，以下の問いに答えなさい。
（大阪商大堺高[改題]）

(1) 肺は図の小さな袋のような器官が集まってできている。この小さな袋のような器官を何というか，漢字2文字で答えなさい。□□

(2) 次の文は図の器官について説明したものである。文中の①〜③について，ア・イのいずれが正しいか，それぞれ選び記号で答えなさい。
　　①（　　　）　②（　　　）　③（　　　）

図の器官があることにより，肺の①[ア　表面積　　イ　体積]が②[ア　大きく　　イ　小さく]なり，酸素と二酸化炭素の交換効率が③[ア　高く　　イ　低く]なる。

4 刺激と反応について，次の各問いに答えなさい。　　　　　　　（華頂女高）

図1はヒトの目のつくりを，図2はヒトの耳のつくりを示したものである。

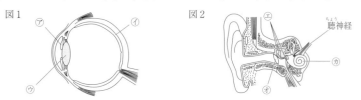

図1　　　　　　　　　　　　　図2　　　　　　　　　　　聴神経

(1) 図中の⑦〜⑪に適する名称を答えなさい。

⑦(　　　　　) ⑦(　　　　　) ⑦(　　　　　) ⑦(　　　　　)

⑦(　　　　　) ⑦(　　　　　)

(2) 目や耳などのように，外界から刺激を受け取る器官を何というか答えなさい。(　　　　　)

5 次の図は刺激の伝わり方を模式的に表したものである。後の各問いに答えなさい。　　　　　　　　　　　　　　　　　　　　　　　　　　　（奈良大附高）

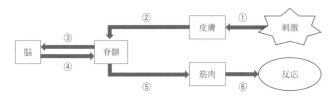

(1) 図中の⑤の神経の名称を漢字で答えなさい。(　　　　　)

(2) 図中の②と⑤の神経をまとめて何というか，答えなさい。(　　　　　)

(3) 熱いものに触れて思わず手をひっこめる反応において，図中の①〜⑥のうち必要ない反応経路をすべて選び，記号で答えなさい。(　　　　　)

(4) (3)のような反応を何というか，漢字で答えなさい。(　　　　　)

6 次の表はセキツイ動物の特徴をまとめたものである。後の各問いに答えなさい。

(博多女高)

	子の生まれ方	呼吸の仕方	体温の保ち方
A	卵生	えら呼吸	外界の温度が変わるにつれて体温が変わる
B		子はえら呼吸，おとなは肺呼吸と皮膚呼吸	
C		肺呼吸	
D			ⓐ外界の温度が変わっても体温が一定に保たれる
E	胎生		

表

(1) 表中のⓐの特徴をもつ動物を何というか，語句で答えなさい。

（　　　　　　　）

(2) 表中のA，B，Eのグループにあてはまる動物の仲間を，それぞれ何というか，語句で答えなさい。A（　　　　　）　B（　　　　　）　E（　　　　　）

(3) Cのグループにあてはまる動物を次のア～キから1つ選び，記号で答えなさい。（　　　）

ア　ゾウ　　イ　メダカ　　ウ　コウモリ　　エ　カメ

オ　カニ　　カ　イモリ　　キ　イカ

7 次の文は肉食動物と草食動物の歯と目のつき方の違いについて述べたものです。文章中の（ ① ）～（ ⑤ ）に当てはまる最も適当な語句を下の【語群】の中からそれぞれ1つずつ選び，記号で答えなさい。

(浪速高)

①（　　　）②（　　　）③（　　　）④（　　　）⑤（　　　）

草食動物に比べ肉食動物の方が小動物などの獲物を捕獲するための（ ① ）が発達している。それに対し，草食動物は肉食動物に比べ，下あごが大きく，（ ② ）と（ ③ ）が発達している。（ ② ）は草をすりつぶすのに適しており，（ ③ ）は草をかみ切るのに適している。

また，目のつき方は，草食動物は横向き，肉食動物は前向きについている。そのため，草食動物に比べ肉食動物は，視野が（ ④ ）くなるが，（ ⑤ ）に見える範囲が広い。

【語群】　ア　ひろ　　イ　せま　　ウ　切歯　　エ　門歯　　オ　犬歯

　　　　　カ　乳歯　　キ　臼歯　　ク　永久歯　　ケ　立体的　　コ　平面的

§3. 生物のつながり

1 右の図は、ある被子植物の細胞を模式的に示したものです。以下の問いに答えなさい。　　　　　　　　　（大阪学院大高）

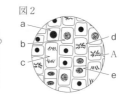

(1) 図の a ～ d のうち、植物細胞のみで見られるつくりが 2 つあります。そのつくりの組み合わせとして適切なものを次のア～カから選び、記号で答えなさい。（　　　）

　　ア　a b　　イ　a c　　ウ　a d
　　エ　b c　　オ　b d　　カ　c d

(2) (1)で選んだ 2 つのつくりの名称の組み合わせとして適切なものを次のア～カから選び、記号で答えなさい。（　　　）

　　ア　葉緑体　細胞膜　　イ　葉緑体　核　　　　ウ　細胞壁　葉緑体
　　エ　細胞膜　核　　　　オ　細胞膜　細胞壁　　カ　細胞壁　核

(3) 染色液で染めると観察しやすくなる部分を図の a ～ d から選び、記号で答えなさい。また、その名称を漢字で答えなさい。

　　記号（　　　）　名称（　　　　　　）

(4) (3)で用いる染色液の名称を答えなさい。（　　　　　　）

2 根の成長のようすを調べるために、タマネギを水につけ、伸びてきた根を用いて、次の観察を行った。後の問いに答えなさい。　　　　　　　　（金蘭会高）

【観察】　図 1 の約 2 cm に伸びた根を、先端から 1 cm 切り取り、うすい（ ① ）に浸した。根を取りだし水洗いした後、スライドガラスにのせ、a 染色液をかけた。数分後、カバーガラスをかけ、真上から b 押しつぶしてプレパラートをつくり顕微鏡で観察した。図 2 は、顕微鏡で観察したスケッチである。

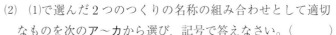

図1　　　図2

(1) 前の文中の（ ① ）にあてはまる薬品名を次から選び、記号で答えなさい。

　　　　　　　　　　　　　　　　　　　　　　　　　　　　（　　　）

　　ア　蒸留水　　イ　塩酸　　ウ　食塩水　　エ　水酸化ナトリウム
　　オ　アンモニア水

(2) 下線部 a で用いる染色液を 1 つ答えなさい。（　　　　　）

(3)　下線部 b は，何のために行うのか。次から最も正しいものを選び，記号で答えなさい。（　　　）

　　ア　細胞を平べったくするため　　イ　細胞どうしの重なりをなくすため

　　ウ　細胞をよく染めるため　　　　エ　細胞を破壊するため

(4)　図 2 の A のひも状のものを何といいますか。（　　　　　　）

(5)　図 2 の a ～ e を，a を始まりとして，分裂の順に並べ，記号で答えなさい。

　　　　　　　　　　　　　　　（　a　→　　　→　　　→　　　→　　　）

3　図 1 はカエルの生殖について表したもの，図 2 はカエルの受精卵が変化していく様子を表したものである。次の各問いに答えなさい。　　　　　（博多女高）

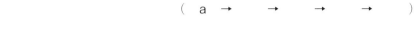

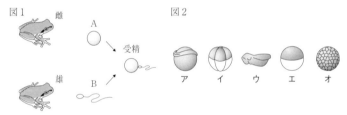

(1)　カエルの雌の卵巣と雄の精巣でつくられる生殖細胞 A・B の名称をそれぞれ答えよ。A（　　　　　）　B（　　　　　　）

(2)　このように雌と雄の生殖細胞の核が合体して新しい個体を増やす増え方を何というか答えなさい。（　　　　　　）

(3)　受精卵の変化が正しくなるように，図 2 中のア～オを正しく並び替え，記号で答えなさい。（　　　→　　　→　　　→　　　→　　　）

(4)　図 2 のように，細胞分裂を繰り返し，体を完成させていく過程を何というか答えなさい。（　　　　　）

4　次の文中の（　①　）～（　④　）に当てはまる語句や記号を，後のア～シから 1 つずつ選び，記号で答えなさい。　　　　　　　　　　　（大阪青凌高［改題］）

　　①（　　　　）　②（　　　　）　③（　　　　）　④（　　　　）

　　19 世紀後半，オーストリアの（　①　）が，実験材料としてエンドウを用いて遺伝の法則を発見した。彼の業績は当時正当に評価されなかったが，彼の死後 3 人の学者によってその法則が再発見された。

　　彼はエンドウのもっている形質のひとつひとつに注目して実験を行った。た

とえば，種子の形には丸（形）のものとしわ（形）のものがある。これらの対をなす形質のことを（ ② ）という。まず，彼は何代かけ合わせても一方の形質しか生じない系統，すなわち純系をつくった。丸い種子をつくる純系のエンドウとしわのある種子をつくる純系のエンドウを親として，かけ合わせたところ，子はすべて（ ③ ）種子になった。

（ ① ）が見つけた3つの法則は顕性の法則，（ ④ ）の法則，独立の法則である。

ア ニュートン イ メンデル ウ ワット エ フック
オ 顕性形質 カ 潜性形質 キ 対立形質
ク 分離 ケ 対等 コ 保存 サ 丸い シ しわのある

5 右の図は，自然の池の中で住んでいる生物どうしで互いにつながっていることを示したものです。次の文章は，図の生物どうしのつながりについて説明したものです。（ ）にあてはまる語句を下の語群から選び答えなさい。 （香ヶ丘リベルテ高[改題]）

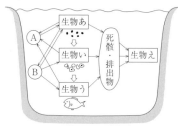

①（　　　） ②（　　　） ③（　　　） ④（　　　）
⑤（　　　） ⑥（　　　） ⑦（　　　） ⑧（　　　） ⑨（　　　）

『自然界の生物は，互いに食べる・食べられるの関係によりつながっている。このようなつながりを（ ① ）という。実際には，このつながりは複雑にからみ合ったものになっていて（ ② ）とよばれる。図中の 生物あ は，（ ③ ）エネルギーを用いて（ ④ ）のはたらきにより無機物から有機物をつくりだす生物で（ ⑤ ）といい，そのつくられた有機物を食べる図中の 生物い ・ う を（ ⑥ ）という。また，図中の 生物え は微生物で，この 生物え のはたらきにより，他の生物による排出物・死骸が（ ⑦ ）されることで腐敗することなく，池の（ ⑧ ）を防ぐことになり水質が保たれる。この 生物え を（ ⑨ ）とよぶ。』

【語群】 生産者　食物網　光　消費者　汚染　運動　食物連鎖
　　　　分解者　光合成　分解　消費

■ 地学分野 ■

§1. 大　　地

1 次の文章を読み，各問いに答えなさい。　　　　　　　　（京都西山高）

陸地に降った雨水や流水は，①風化した岩石をけずったり，とかし去ったりする。このはたらきによってけずりとられた，れき・砂・泥は，②下流に運ばれ，③流れがゆるやかなところで積もっていくことで地層ができあがっていく。

(1)　下線部①のはたらきを何というか。漢字二字で答えなさい。（　　　　　　）

(2)　下線部②のはたらきを何というか。漢字二字で答えなさい。（　　　　　　）

(3)　下線部③のはたらきを何というか。漢字二字で答えなさい。（　　　　　　）

(4)　河口に運ばれたれき・砂・泥のうち，岸から離れた深いところで積もっていくものはどれか。（　　　　　　）

2 火山と火山岩について，以下の各問いに答えなさい。　　　　（橿原学院高）

(1)　火山には図1のような3つの形状がある。昭和新山（北海道）は，どの形状にあてはまるか。A～Cの記号で答えなさい。（　　　　）

図1

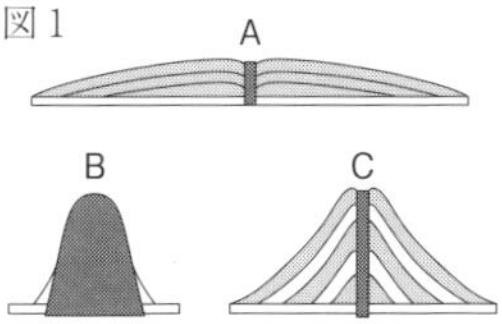

(2)　図1のAのような，傾斜のゆるやかな火山が作られるときのようすを示すものとして，最も適当なものを，次から選び，ア～エの記号で答えなさい。（　　　　）

ア　溶岩のねばりけが大きく，比較的おだやかな噴火をする。

イ　溶岩のねばりけが大きく，激しい爆発をともなう噴火をする。

ウ　溶岩のねばりけが小さく，比較的おだやかな噴火をする。

エ　溶岩のねばりけが小さく，激しい爆発をともなう噴火をする。

(3)　図2は，ある火山岩をルーペで観察し，スケッチしたものである。これについて答えなさい。

図2

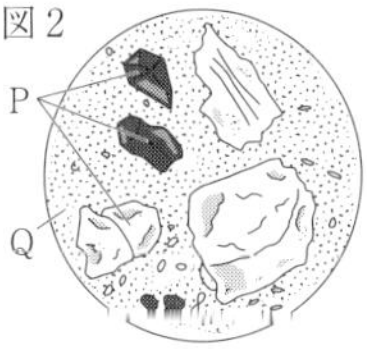

①　この岩石には，Pのような大きな結晶とそれ以外のQの部分が観察された。P，Qそれぞれの部分の名称を漢字で答えなさい。

P（　　　　　）　Q（　　　　　）

② このような火山岩のつくりは □ 組織と呼ばれている。空欄にあて
はまる語句を漢字で答えなさい。（　　　　）

③ 次の文は，火山岩について述べたものである。ア，イの空欄にあてはま
る語句を答えなさい。ア（　　　　）イ（　　　　）

　　□ア□ が冷え固まった岩石を □イ□ という。□イ□ のうち，□ア□ が
地表付近で急に冷え固まったものが火山岩と呼ばれる。

④ 図2のPの大きな結晶を調べると，鉱物の割合
が図3のようになった。この火山岩の名称を答えな
さい。（　　　　）

図3

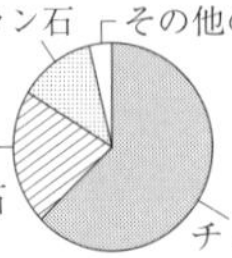

カンラン石 ─ ─ その他の鉱物

キ石　　　　　　チョウ石

⑤ ④の火山岩がよくみられる火山の形状を，図1か
ら1つ選び，A〜Cの記号で答えなさい。（　　　　）

⑥ 次の岩石の中で，火山が存在する地域の地表によく見られるものを1つ
選び，ア〜エの記号で答えなさい。（　　　）

ア　カコウ岩　　イ　セッカイ岩　　ウ　ギョウカイ岩　　エ　チャート

3 右図は，ある地層のようすを表したもので
す。　　　　　　　　　　（大阪夕陽丘学園高）

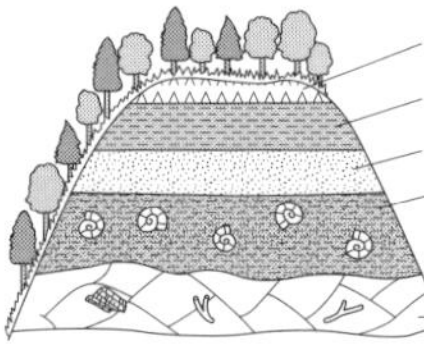

凝灰岩
泥岩
砂岩
砂まじりの泥岩
（アンモナイト
の化石）
石灰岩
（サンゴの化石）

(1) 泥岩と砂岩は何を基準にして区別してい
るか。（　　　）

ア　岩石を構成しているものの種類

イ　岩石を構成しているものの直径

ウ　岩石を構成しているものの質量

エ　岩石のでき方

オ　岩石の色

カ　岩石のできた時代

(2) 凝灰岩はおもに何がもとになってできているか。（　　　）

ア　砂　　イ　泥　　ウ　火山灰　　エ　礫　　オ　生物の死骸

(3) 砂まじりの泥岩の層が堆積したのはどの年代か。（　　　）

ア　古生代よりもはるか昔　　　イ　古生代のはじめ　　　ウ　中生代

エ　人類が現れる前の新生代　　　オ　人類が現れてからの新生代

4 次の文章を読んで，以下の問いに答えなさい。 （大商学園高[改題]）

プレートの動きによって，地層が長い時間をかけて図1のように大きく曲がったり，図2のように地層が破壊されてずれが生じたりする。

図1　　　　　　　　　図2

(1) 図1のような地層の曲がりを何というか，答えなさい。（　　　　　　）

(2) 図2のように地下に巨大な力がはたらくと，力に岩石がたえきれなくなりずれが生じる。このずれのことを何というか，答えなさい。（　　　　　　）

5 大地に関する次の問いに答えなさい。 （関西大学北陽高）

(1) ある地層からフズリナの化石を発見した。フズリナが最も栄えていた時代の後半ごろには陸上生物も増えてきた。フズリナが最も栄えていた時代として適当なものを，次のア～エから1つ選び記号で答えなさい。（　　　　）

ア　古生代　　イ　中生代　　ウ　新生代新第三紀　　エ　新生代第四紀

(2) フズリナの化石のように，地層ができた年代を推定するのに役立つ化石を何というか，漢字で答えなさい。（　　　　　　）

(3) 私たちは，(2)の化石をもとにして地球の歴史をいくつかの時代に区分している。このようにしてできた年代の区分を何というか，漢字で答えなさい。

（　　　　　　）

6 以下の各問いに答えなさい。 （上宮高[改題]）

(1) ある地域の地層の中にサンゴの化石が発見されました。この地層ができた当時の環境として正しいものはどれですか。次のア～エから1つ選んで，記号で答えなさい。（　　　　）

ア　温暖で浅い海　　イ　温暖で深い海

ウ　寒冷で浅い海　　エ　寒冷で深い海

(2) サンゴの化石のように，当時の環境を知る手がかりとなるものを何といいますか。漢字で答えなさい。（　　　　　　）

7 右の図は，ある日に発生した地震について，
震源からの距離が 112km の地点で観測され
た地震波のデータを示したものです。以下の
問いに答えなさい。　　　　（天理高[改題]）

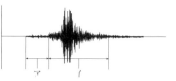

(1) 図のアとイに示されているゆれを引き起こす地震波をそれぞれ何といいま
すか。ア（　　　　　）　イ（　　　　　）

(2) 図のアのゆれが始まってからイのゆれが始まるまでの時間を何といいます
か。漢字 8 文字で答えなさい。□□□□□□□□

(3) 地震に関する文として正しいものをア〜エから 2 つ選びなさい。

（　　　）（　　　）

　ア　海岸の埋め立て地のような砂地では，地震により土地が液状化すること
がある。

　イ　地震の規模の大小は震度で表され，その段階は震度 0 から震度 7 まで
ある。

　ウ　地震が最初に発生した地下の場所を震央といい，震央の真上にある地表
の位置を震源という。

　エ　マグニチュードが 2 増えると，地震のエネルギーは 1000 倍になる。

§2．天　　気

1 右図は，2 つの前線面に雲が発生してい
るようすを模式的に示したものです。これ
について，次の各問いに答えなさい。

（近畿大泉州高[改題]）

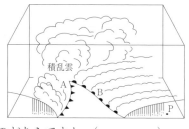

(1) 前線 A の名前を漢字で答えなさい。

（　　　　　　　）

(2) P 地点付近の大気は，寒気団，暖気団のどちらですか。（　　　　　）

(3) 前線 B 付近でよく見られ，雨をふらせる原因となる雲を何といいますか。

（　　　　　）

2 図は，ある日の日本付近の気圧配置を表したものである。以下の問いに答えなさい。

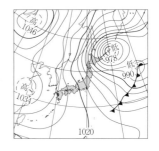

（大阪商大高[改題]）

(1) この天気図が示す季節は次の**ア**〜**エ**のうちどれか。正しいものを1つ選び，記号で答えなさい。

（　　　）

ア 春（4月）　**イ** 夏（7月）

ウ 秋（10月）　**エ** 冬（1月）

(2) 図の季節において，日本上空でもっとも勢力をもつ気団の特徴を次の**ア**〜**エ**から1つ選び，記号で答えなさい。（　　　）

ア あたたかく，湿っている　**イ** あたたかく，乾燥している

ウ 冷たく，湿っている　　　**エ** 冷たく，乾燥している

(3) 図におけるなめらかな曲線は，気圧が等しいところを結んだ線である。このような曲線を何というか。漢字で答えなさい。（　　　　　）

(4) 図の低気圧の中心の地上付近における空気の流れはどのようになるか。次の**ア**〜**エ**から1つ選び，記号で答えなさい。（　　　）

(5) 図の福岡では「北西の風，風力4，くもり」であった。このときの天気のようすを天気図の記号を用いて例のように答えなさい。

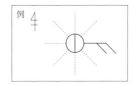

(6) 日本付近では，低気圧や高気圧は西から東へ移動する。その原因となる風を何というか。漢字で答えなさい。（　　　　　）

3 日本の四季の天気について，次の文章を読み，後の問いに答えなさい。

(東山高)

大陸や海洋などの影響を受けて（ X ）や
湿度がほぼ一様になった大規模な空気のかた
まりを気団という。日本付近で発達・衰退す
る代表的な気団は，図のA～Cのように3つ
あり，この気団が日本の四季の天気に大きな
影響を与えている。

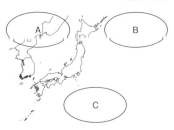

(1) 文中の（ X ）にあてはまる最も適切な語を次の中から1つ選び，記号で
答えなさい。（　　　）

ア　気温　　イ　密度　　ウ　風速

(2) 図中のA～Cの気団の名称の組合せとして最も適切なものを次の中から1
つ選び，記号で答えなさい。（　　　）

	A	B	C
ア	小笠原気団	シベリア気団	オホーツク海気団
イ	小笠原気団	オホーツク海気団	シベリア気団
ウ	オホーツク海気団	シベリア気団	小笠原気団
エ	オホーツク海気団	小笠原気団	シベリア気団
オ	シベリア気団	オホーツク海気団	小笠原気団
カ	シベリア気団	小笠原気団	オホーツク海気団

(3) 図中のA～Cの気団の特徴と
して最も適切なものを右の中か
ら1つ選び，記号で答えなさい。
（　　　）

	A	B	C
ア	あたたかい	あたたかい	冷たい
イ	あたたかい	冷たい	あたたかい
ウ	冷たい	あたたかい	あたたかい
エ	冷たい	冷たい	あたたかい
オ	冷たい	あたたかい	冷たい
カ	あたたかい	冷たい	冷たい

(4) 2月下旬を過ぎると，日本海
で低気圧が発達し，その低気圧
に向かって南よりの強い風がふ
きこむことがある。立春以後，最初にふくこのような風の名称を漢字3字で
答えなさい。□□□

(5) 梅雨の時期は，勢力がほぼ同じ2つの気団が日本付近でぶつかり合い，2
つの気団の間に東西に長くのびた気圧の低いところ（気圧の谷）ができる。

① 勢力がほぼ同じ 2 つの気団とはどれとどれか。図中の A ～ C の気団から選び，記号で答えなさい。（　　と　　）

② このときにできる前線の名称として最も適切なものを次の中から 1 つ選び，記号で答えなさい。（　　）

　　ア　温暖前線　　イ　寒冷前線　　ウ　閉塞前線　　エ　停滞前線

(6) 季節によって風向きが変わる風を季節風というが，日本の夏を特徴づける季節風の風向を 8 方位で答えなさい。（　　　　）

(7) 秋から初冬などに発達した低気圧が日本海に進んでくると，太平洋側から湿った南よりの強い風がふき，日本海側が季節外れの高温になることがある。この現象を何というか。（　　　　）

(8) 日本付近の冬型の気圧配置を何というか。漢字 4 字で答えなさい。

4 図は台風を真横から見たときの断面図である。次の各問いに答えなさい。　　（博多女高）

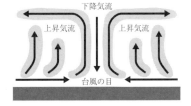

(1) 文中の①，②に入る言葉をそれぞれ語群から選び，語句で答えよ。

　　　①（　　　　）②（　　　　）

　　フィリピンの沖合などの海上では高温であるため上昇気流が生じ（ ① ）（ ② ）気圧が発生する。また，海上の空気は多湿であるため雲の発生が伴う。（ ① ）（ ② ）気圧のうち，中心付近の最大風速が毎秒 17.2m 以上になったものを台風という。

① 熱帯　　温帯　　小笠原　　揚子江

② 低　　高　　大

(2) 台風に関する記述として正しいものを次のア～オから 1 つ選び，記号で答えなさい。（　　）

　　ア　日本に上陸する台風の多くは中心気圧約 850hPa である。

　　イ　中心気圧が低いほど強い風を伴う。

　　ウ　台風の目では雨が激しく降る。

　　エ　台風は前線を伴う。

　　オ　海水面から蒸発した水蒸気が凝縮するときに発生するエネルギーによって勢力が弱まっていく。

§3. 天　体

1 季節の変化について，次の問いに答えなさい。　　　　　（金蘭会高）

(1) 図1は，夏至，冬至，春分・秋分の日の太陽の動き
を表している。

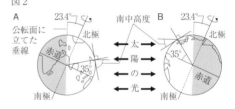

図1

① 太陽の南中高度が最も高いのはA～Cのどのとき
ですか。（　　　）

② 昼の長さが最も短いのは，A～Cのどのときで
すか。（　　　）

③ Aは，どの日の太陽の動きを表していますか。（　　　　　）

(2) 次の文の（　　）にあてはまる語句や記号を答えなさい。

①（　　　　　）②（　　　　　）③（　　　　　）④（　　　　　）

北半球では，夏は（　①　）極側
が太陽の方向に傾くため，太陽の
南中高度が（　②　）なり，冬には
（　①　）極側が太陽と反対側に傾
くため，南中高度が（　③　）なる。
図2のA，Bのうち，北緯35度

図2

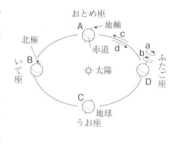

の地点での，夏至の日の太陽の光の当たり方を表したものは（　④　）である。

2 右図は地球が太陽のまわりを回る軌道におけ
る，日本の春分・夏至・秋分・冬至での地球の
位置と，4つの星座の位置を模式的に示したも
のです。次の各問いに答えなさい。

（大阪産業大附高）

(1) 右図で，地球の自転の向きとして正しいもの
はa，bのどちらですか。記号で答えなさい。

（　　　）

(2) 前図で，地球の公転の向きとして正しいものはc，dのどちらですか。記
号で答えなさい。（　　　）

(3) 前図で，日本が夏至のとき，地球はどの位置にありますか。A～Dから1
つ選び，記号で答えなさい。（　　　）

3 天体の動きについて，次の各問いに答えなさい。 （華頂女高［改題］）

右図は，ある日の京都で，北の空に見える北斗七星のようすをスケッチしたものである。その後，観察を続けると，時間とともに北斗七星の位置は少しずつ変わっていたが，点Pの星はどの時刻でもほぼ同じ位置に見えた。

(1) 時間の経過によって見え方や場所がほとんど変化しない星Pを何というか答えなさい。（　　　　）

(2) 星や太陽が動いて見えるのは，地球がある軸を中心に動いているためである。この軸のことを何というか答えなさい。（　　　　　）

(3) 地球が(2)の軸を中心に回転している運動を，何というか答えなさい。

（　　　　　　）

4 太陽系の天体について，次の問いに答えなさい。 （京都外大西高）

(1) 地球より小さな惑星を，次のア～キのうちからすべて選びなさい。

（　　　　　）

ア　水星　　　イ　金星　　　ウ　火星　　　エ　木星　　　オ　土星
カ　天王星　　キ　海王星

(2) 地球から望遠鏡で観測すると，環が見える惑星はどれか。次のア～キのうちから1つ選びなさい。（　　　）

ア　水星　　　イ　金星　　　ウ　火星　　　エ　木星　　　オ　土星
カ　天王星　　キ　海王星

(3) 地球から望遠鏡で観測すると，月のように満ち欠けをして大きさや形が変わる惑星を，次のア～キのうちからすべて選びなさい。（　　　　）

ア　水星　　　イ　金星　　　ウ　火星　　　エ　木星　　　オ　土星
カ　天王星　　キ　海王星

(4) ガリレオ・ガリレイが発見したとされる4つの大きな衛星（イオ，ガニメデ，エウロパ，カリスト）を持つ惑星はどれか。次のア～キのうちから1つ選びなさい。（　　　）

ア　水星　　　イ　金星　　　ウ　火星　　　エ　木星　　　オ　土星
カ　天王星　　キ　海王星

5 太陽系に関する次の各問いに答えなさい。　　　　　　　（京都精華学園高[改題]）

(1) 惑星は特徴によって地球型惑星と木星型惑星に分けられる。

① 地球型惑星にあてはまる惑星の中で，太陽から最も離れている惑星を答えなさい。（　　　　　　）

② 木星型惑星にあてはまる惑星の中で，太陽から最も離れている惑星を答えなさい。（　　　　　　）

③ 地球型惑星，木星型惑星の特徴としてあてはまるものを次のア〜エからそれぞれ１つずつ選び，記号で答えなさい。

地球型惑星（　　　）　木星型惑星（　　　）

ア　小型で密度が小さい。

イ　小型で密度が大きい。

ウ　大型で密度が小さい。

エ　大型で密度が大きい。

(2) 地球以外で人類が降り立った唯一の天体は何か。（　　　　　　）

(3) 以前は惑星に分類されていたが，太陽系の研究が進んだことで太陽系外縁天体に分類された天体は何か。（　　　　　）

(4) 明けの明星，よいの明星という言葉がある。

① この「明星」とは何という天体か。名称を答えなさい。（　　　　　）

② 明けの明星，よいの明星は，それぞれいつ，どの方角に見られるか。次のア〜エからそれぞれ１つずつ選び，記号で答えなさい。

明けの明星（　　　）　よいの明星（　　　）

ア　明け方の東の空

イ　明け方の西の空

ウ　夕方の東の空

エ　夕方の西の空

(5) 太陽に関する次の文中の（　　）に適した語を答えなさい。

ア（　　　）　イ（　　　）　ウ（　　　）

太陽は，主に（　ア　）からなる高温の気体でできた，自ら光を放つ巨大な天体である。太陽の表面には（　イ　）とよばれる暗い部分が見られるが，これは，この部分の温度が周囲よりも（　ウ　）ため暗く見える。

解答・解説
近道問題

1. 重要語句の確認

光・音・力

① 光源　② 光の直進　③ 光の反射　④ 入射　⑤ 反射　⑥ 屈折　⑦ 焦点

⑧ 音源〔または，発音体〕　⑨ 振動数　⑩ ニュートン〔N〕　⑪ 質量

電気のはたらき

① 電子　② 直列回路　③ 並列回路　④ アンペア〔A〕　⑤ ボルト〔V〕　⑥ オーム〔Ω〕

⑦ 電力　⑧ 熱量　⑨ 磁界(または，磁場)　⑩ 磁界の向き　⑪ 電磁誘導　⑫ 誘導電流

⑬ 交流

運動とエネルギー

① 平均の速さ　② 瞬間の速さ　③ 等速直線運動　④ 慣性　⑤ 力学的エネルギー

⑥ 仕事の原理

物　質

① 密度　② 石灰水　③ 水上置換法　④ 水素　⑤ 溶質　⑥ 溶媒

⑦ 純物質(または，純粋な物質)　⑧ 混合物　⑨ 溶解度　⑩ 再結晶　⑪ 沸点　⑫ 融点

⑬ 蒸留

化学変化

① 分解　② 熱分解　③ 原子　④ 分子　⑤ $2NaHCO_3$　⑥ CO_2　⑦ 酸化　⑧ 燃焼

⑨ 還元　⑩ 質量保存の法則　⑪ 発熱反応　⑫ 吸熱反応　⑬ 電解質　⑭ 中和

⑮ 黄色　⑯ 青色　⑰ 無色　⑱ 赤色

植　物

① 柱頭　② 子房　③ 胚珠　④ 受粉　⑤ 胞子　⑥ ある　⑦ 葉緑体　⑧ 道管　⑨ 師管

⑩ 蒸散

動　物

① セキツイ動物　② 卵生　③ 胎生　④ 外骨格　⑤ 外とう膜　⑥ デンプン

⑦ アミノ酸　⑧ モノグリセリド　⑨ リンパ管　⑩ 動脈血　⑪ 右心房　⑫ 左心室

⑬ 赤血球　⑭ 血しょう　⑮ 中枢神経　⑯ 反射

生物のつながり

① 無性生殖　② 有性生殖　③ 受精　④ 減数分裂　⑤ 遺伝　⑥ 対立形質

⑦ 顕性形質　⑧ 潜性形質　⑨ DNA　⑩ 進化

大　地

① 斑状組織　② 等粒状組織　③ 玄武岩　④ 花こう岩　⑤ セキエイ　⑥ 震源

⑦ 震央　⑧ 震度　⑨ マグニチュード　⑩ 初期微動　⑪ 主要動　⑫ 初期微動継続時間

⑬ 示相化石　⑭ 示準化石

```
┌─────┐
│ 天  気 │
└─────┘
```
　① 圧力　② 飽和水蒸気量　③ 寒冷　④ 偏西風　⑤ 北西　⑥ 南東　⑦ 小笠原
　⑧ オホーツク海　⑨ 17.2

```
┌─────┐
│ 天  体 │
└─────┘
```
　① 回星　② 惑星　③ 衛星　④ 自転　⑤ 公転　⑥ 夏至　⑦ 北寄り　⑧ 日食　⑨ 月食
　⑩ 地球型惑星　⑪ 木星側惑星


```
┌────────────────────────┐
│ ２．入試問題にチャレンジ！ │
└────────────────────────┘
```

■ 物理分野 ■

§1．光・音・力

1 (1) 光源　(2) 入射角　(3) イ　(4) ア　(5) 乱反射

2 (1) 屈折　(2) ウ　(3) 全反射

3 ① 屈折　② 焦点　③ 実像

4 ア

5 (1) ① イ　② ウ　③ カ　(2) 垂直抗力

6 (1) ウ　(2) ウ

◇ 解説 ◇

1 (4) 空気中から水中に光が進むとき，屈折角は入射角よりも小さくなる。

2 (2) ウは光の反射による現象。

3 凸レンズの軸に平行に進んだ光は，凸レンズで屈折して焦点を通って直進する。物体から凸レンズを通った光が集まった位置に実像ができる。

4 弦の振幅を大きくすると音は大きくなり，弦の長さを短く，弦を細く，弦の張りを強くすると，振動数が多くなり，高い音が出るようになる。

6 水圧は水深が深いほど大きく，水深が同じ場所の水圧は等しい。

§2．電気のはたらき

1 (1) アンペア　(2) 0.001 (A)　(3) ① 直列　② ＋　③ 大きい

2 (図1) 直列回路　(図2) 並列回路

3 (1) 電磁誘導　(2) 交流　(3) 周波数　(4) ヘルツ　(5) 直流

4 (1) ア・イ　(2) 真空放電　(3) ① 負　② 電子　③ 電子線(または，陰極線)

5 (1) ウ　(2) 電磁誘導　(3) 誘導電流

◇ **解説** ◇

1 (2) $1A = 1000mA$ より，$1mA = 0.001A$。

(3) 電流の大きさが予想できないときは，電流計に急に大きな電流が流れることを防ぐために，いちばん大きい電流がはかれる－端子につなぐ。

4 (1) 電気を通す物体を導体，通さない物体を絶縁体という。金属は導体，鉛筆の芯は電気を通す炭素が主成分なので電気を通す。ゴム，ガラス，紙や木材は電気を通さない。

(2) 真空中では空気中に比べて放電が起こりやすくなる。

5 (1) 導線に電流が流れると，電流の向きに対して時計回りの向きに同心円状の磁界が生じる。また，コイルに電流を流すと，コイルを貫くように磁界が生じる。

§3．運動とエネルギー

1 (1) 摩擦力　(2) ウ　(3) 慣性
2 (1) ア　(2)① オ　② イ　③ エ　(3) 自由落下
3 ① ウ　② 仕事
4 (1) 化学エネルギー　(2) 熱エネルギー　(3) 運動エネルギー

◇ **解説** ◇

1 (1) 物体が運動している向きとは逆の向きにはたらき，物体と床との間にはたらく力なので摩擦力。

(2)・(3) 電車と乗客が静止している状態から電車だけが動き出そうとすると，慣性により，乗客は静止し続けようとするため，乗客は電車の進行方向と逆方向に動く。

2 (1)・(2) 台車にはたらく重力は，斜面に垂直な向きと，斜面に平行な向きに分けられる。斜面の傾きが一定なら，それぞれの分力の大きさは変化しない。斜面に垂直な分力は，斜面が台車を押す抗力とつり合う。

■ 化学分野 ■

§1．物　質

1 (1) A．ウ　B．オ　C．イ　D．ア　E．エ　(2) ア
(3) B．イ　C．エ　D．ア　E．ウ
2 (1)① 溶質　② 溶媒　(2) 再結晶
3 (硝酸カリウム) イ　(ミョウバン) ア　(塩化ナトリウム) ウ
4 (1) (気体) C　(液体) B　(2)②・③・⑤　(3) ウ
5 (1) 有機物　(2) マイクロプラスチック
6 エ

◇ **解説** ◇

1 (2) 水によく溶ける気体は水上置換法では集められない。下方置換法は空気より重い気体を集めるときに用いる。

3 硝酸カリウムの結晶は針状，ミョウバンの結晶は正八面体，塩化ナトリウムの結晶は立方体。

4 (1) 粒子の運動が激しい順に，気体，液体，固体となる。

(2) 冷却したときに起こる変化は，気体→液体，気体→固体，液体→固体。

(3) (1)～(6)の変化は状態変化。

6 調節ねじ A は空気調節ねじ，調節ねじ B はガス調節ねじ。

§2．化学変化

1 ① 原子核 ② 電子 ③ 陽子 ④ 中性子 ⑤ 小さい ⑥ ＋(または，正) ⑦ 陽 ⑧ －(または，負) ⑨ 陰

2 (1) A．エ B．ウ (2) ウ (3) オ (4) FeS

3 (1) 黒色 (2) ① 白色 ② イ・ウ・オ・キ (3) (記号) ウ (名称) 酸素

4 (1) 水上置換 (2) 水に溶けにくい性質 (3) 二酸化炭素 (4) 白くにごる (5) 〔熱〕分解

5 (1) (気体 A) 二酸化炭素 (物質 B) 銅 (2) 赤(または，茶・赤茶) (3) 酸化 (4) 燃焼 (5) CuO

6 (1) H_2 (2) イ (3) × (4) オ

7 (1) ウ (2) エ (3) イ

◇ 解説 ◇

2 (1) 試験管 A は加熱しているので，硫化鉄になっており，磁石には引きつけられず，塩酸を加えると卵の腐ったようなにおいの硫化水素が発生する。試験管 B は鉄と硫黄が混じっているだけの混合物であり，磁石には鉄が引きつけられ，うすい塩酸を加えると鉄と塩酸が反応して無臭の水素が発生する。

(3) 試験管 B から発生する気体は水素。アは二酸化炭素，イは塩素，ウはアンモニア，エは酸素が生じる。

3 (2) 試験管 A に残った物質は金属の銀。

(3) 試験管 B に集まった気体は酸素で，物を燃やすはたらきがある。

4 (3) 炭酸水素ナトリウム→炭酸ナトリウム＋水＋二酸化炭素という反応が起こるので，発生する気体は二酸化炭素。

5 (1) 酸化銅と炭素を混ぜて加熱すると，銅と二酸化炭素が生じる。

(5) 酸化銅は，炭素によって酸素を奪われた。

6 (1) 亜鉛はうすい塩酸に溶けて水素を発生させる。$Zn + 2HCl \rightarrow ZnCl_2 + H_2$

(2) 単体は1種類の原子からできた物質で，化合物は2種類以上の原子からできた物質。

(3) 水素は無色無臭の水に溶けにくい気体で，空気と比べて非常に軽い。石灰水を白くにごらせる気体は二酸化炭素で，赤色リトマス紙を青変させる気体はアンモニアなど。

(4) アは二酸化炭素，イは酸素，ウは水蒸気，エは二酸化炭素，オは陰極に水素，陽極に酸素が生じる。

■ 生物分野 ■

§1. 植　物

1 (1) a. 接眼レンズ　b. 対物レンズ　(2) ウ・エ　(3) カ

2 (1) 孔辺細胞　(2) 蒸散

3 (1) エ　(2) イ　(3) オ　(4) カ

4 (1) A. オ　B. カ　C. イ　D. ウ　E. ア　F. ク　(2)① 受粉　② 精細胞

5 (1) A　(2) a. g　b. c　(3) a・g　(4) 胚珠　(5) f　(6) 子房

6 (1)① なく　② ない　(2) 道管　(3) 胞子　(4) シダ植物

7 (1)① 被子　② 裸子　③ 双子葉　④ 単子葉　(2) X. 胚珠　Y. 花弁

(3) A. 主根　B. 側根　C. ひげ根　(4) イ

◇ 解説 ◇

1 (2) 対物レンズとプレパラートがぶつからないように，対物レンズとプレパラートを徐々に遠ざけながらピントを合わせる。倍率を高くすると，光の量が減るので暗くなる。

(3) 顕微鏡では実際の向きと上下左右が逆に見えているので，左下の生物を視野の中央で観察するためには，プレパラートを左下に動かせばよい。

3 (1) ヨウ素液はデンプンと反応して青紫色に変化する。

(2) デンプンができるのは光が当たった部分。アルミはくでおおわれていた部分は光合成ができない。

4 (2)① X は花粉。② Y は花粉管。

5 (1) B は雄花。アブラナに雌花はない。

(2) a は胚珠，b は花粉のうで花粉が入っている。アブラナで花粉が入っているのは c のやく。d は柱頭，e は花弁，f は子房，g は胚珠，h はがく。

(3)〜(6) 受粉後，種子になるのは胚珠，果実になるのは子房。

6 (1) コケ植物は維管束が発達していない。根，茎，葉の区別がなく，全身で水を吸収する。

(2) 維管束には，根から吸収した水を通す道管と，葉でつくられた養分を通す師管の 2 種類の管がある。

(3)・(4) コケ植物やシダ植物は花を咲かせず，胞子でなかまをふやす。

§2. 動　物

1 (1)① 血しょう　② ヘモグロビン　(2) 弁　(3) カ　(4) I. ウ　II. エ　III. ア　(5) B

2 (1) 消化管　(2) A. だ液　B. 胆汁　(3) 消化酵素　(4) ペプシン

(5) ア. デンプン　イ. タンパク質　ウ. 脂肪　(6) エ. ブドウ糖　オ. アミノ酸

カ. 脂肪酸　キ. モノグリセリド　(カ・キは順不同)　(7) 小腸　(8) 柔毛　(9) 肝臓

3 (1) 肺胞　(2)① ア　② ア　③ ア

4 (1)⑦ 虹彩　④ 網膜　⑦ 水晶体(または，レンズ)　④ 耳小骨　⑦ 鼓膜

⑦ うずまき管　(2) 感覚器官

5 (1) 運動神経　(2) 末しょう神経　(3) ③・④　(4) 反射

6 (1) 恒温動物　(2) A. 魚類　B. 両生類　E. ほ乳類(または, ホ乳類)　(3) エ

7 ① オ　② キ　③ エ　④ イ　⑤ ケ

♢ **解説** ♢

1 (3) Aは心臓から肺に向かう血液が流れるので肺動脈, Bは肺から心臓にもどる血液が流れるので肺静脈, Cは心臓から全身に向かう血液が流れるので大動脈, Dは全身から心臓にもどる血液が流れるので大静脈。肺動脈は右心室, 肺静脈は左心房, 大動脈は左心室, 大静脈は右心房につながっている。

(4) Ⅱを通った血液はⅠに流れるので, Ⅰは肝臓, Ⅱは小腸。

(5) 酸素は肺で血液に取り入れられるので, 肺から心臓にもどる血液に最も多く含まれる。肺から心臓にもどる血液が流れるのはB。

2 (5) アはだ液のはたらきを受けることからデンプンで, イは胃液のはたらきを受けることからタンパク質。ウは胆汁のはたらきを受けることと, 分解されて2種類の物質になることから脂肪。

(7)・(9) ブドウ糖とアミノ酸は, 柔毛の毛細血管から門脈を通って肝臓に運ばれる。脂肪酸とモノグリセリドは柔毛のリンパ管に吸収される。

3 (2) 表面積が大きくなると, それだけ空気とふれる面積が大きくなるので, ガス交換の効率がよくなる。

5 (2) ②は感覚神経。

(3)・(4) 反射による反応は, 感覚器官から脊髄に刺激が伝わると, 脊髄が筋肉に対して反応の命令を出す。

6 (2) 呼吸の仕方から, Aは魚類, Bは両生類, 子の生まれ方からEはほ乳類とわかる。

(3) 鳥類は恒温動物, は虫類は変温動物なので, Cのグループはは虫類とわかる。ゾウとコウモリはほ乳類, メダカは魚類, カニとイカは無せきつい動物, イモリは両生類。

§3. 生物のつながり

1 (1) カ　(2) ウ　(3)(記号) b　(名称) 核　(4)(例) 酢酸カーミン溶液

2 (1) イ　(2) 酢酸カーミン　(3) イ　(4) 染色体　(5)(a→)b→d→c→e

3 (1) A. 卵〔子〕　B. 精子　(2) 有性生殖　(3) エ→イ→オ→ア→ウ　(4) 発生

4 ① イ　② キ　③ サ　④ ク

5 ① 食物連鎖　② 食物網　③ 光　④ 光合成　⑤ 生産者　⑥ 消費者　⑦ 分解　⑧ 汚染　⑨ 分解者

♢ **解説** ♢

1 (1)・(2) cの細胞壁とdの葉緑体は, 植物細胞でのみ見られる。aの細胞膜, bの核は, 植物細胞と動物細胞で見られる。

(4) 染色液には, 酢酸カーミン溶液のほかに, 酢酸オルセイン溶液, 酢酸ダーリア溶液などがある。

2 (5) 分裂の順に並べると，a→染色体があらわれ始める（b）→染色体が中央に並ぶ（d）→染色体が細胞の両端に分かれる（c）→細胞にしきりができる（e）。

■ 地学分野 ■

§1. 大　地

1 (1) 侵食　(2) 運搬　(3) 堆積　(4) 泥

2 (1) B　(2) ウ　(3)① P. 斑晶　Q. 石基　② 斑状　③ ア. マグマ　イ. 火成岩　④ 玄武岩　⑤ A　⑥ ウ

3 (1) イ　(2) ウ　(3) ウ

4 (1) しゅう曲　(2) 断層

5 (1) ア　(2) 示準化石　(3) 地質年代

6 (1) ア　(2) 示相化石

7 (1) ア. P波　イ. S波　(2) 初期微動継続時間　(3) ア・エ

◇ 解説 ◇

1 (4) 水に沈みやすい小石や砂は河口近くに堆積し，沈みにくい泥は沖に運ばれる。

2 (1) Aはマウナロアやキラウェア，Bは平成新山や有珠山，Cは桜島や三原山などがある。黒っぽい火成岩がよくみられるのは，マグマのねばりけが小さい火山。

(3)④ 火山岩のうち，鉱物にキ石やカンラン石が含まれるのは玄武岩。⑥ ギョウカイ岩は火山灰が堆積して固まったもの。ア. マグマが地下でゆっくり冷えて固まった深成岩の一つ。イ. 生物の遺骸や水に溶けていた炭酸カルシウムが堆積して固まったもの。エ. 生物の遺骸や水に溶けていた二酸化ケイ素が堆積して固まったもの。

3 (2) アは砂岩，イは泥岩，エは礫岩。オは石灰岩・チャートのもとになっている。

(3) アンモナイトは中生代の示準化石。

7 (3) イ. 地震の規模はマグニチュードで表す。ウ. 地震が起こった地下の場所が震源，震源の真上の地表の位置が震央。

§2. 天　気

1 (1) 寒冷前線　(2) 寒気団　(3) 乱層雲

2 (1) エ　(2) エ　(3) 等圧線　(4) ア　(5) (右図)　(6) 偏西風

3 (1) ア　(2) オ　(3) エ　(4) 春一番　(5)① B（と）C　② エ　(6) 南東　(7) フェーン現象　(8) 西高東低

4 (1)① 熱帯　② 低　(2) イ

◇ 解説 ◇

1 (2) 温暖前線は，暖気が寒気の上にはい上がってできるので，前線面の下にあるのは寒気団。

2 (1) 等圧線が縦になり，西高東低の気圧配置は，冬の特徴的な天気図。

(2) 冬はシベリア気団の勢力が強い。

(4) 低気圧の中心付近では，風が反時計回りに吹き込み，上昇気流が発生する。

3 (3) 図より，北の方にある気団は冷たく，南の方にある気団はあたたかい。

(5) 梅雨の時期に発達する気団は，オホーツク海気団と小笠原気団。2つの気団がぶつかり合ったところに停滞前線ができる。

4 (2) 中心気圧が 900hPa より小さい猛烈な勢力の台風は日本に上陸したことはない。台風の目は雲がないので激しい雨は降らない。台風は熱帯低気圧が発達したものなので前線は伴わない。海水面から蒸発した水蒸気が凝縮するときに発生するエネルギーは台風が発達するときのエネルギーになるので，このエネルギーによって台風は強くなる。

§3．天　　体

1 (1) ① C　② A　③ 冬至　(2) ① 北　② 高く　③ 低く　④ A

2 (1) a　(2) c　(3) B

3 (1) 北極星　(2) 地軸　(3) 自転

4 (1) ア・イ・ウ　(2) オ　(3) ア・イ　(4) エ

5 (1) ① 火星　② 海王星　③（地球型惑星）イ　（木星型惑星）ウ　(2) 月　(3) めい王星

(4) ① 金星　②（明けの明星）ア　（よいの明星）エ　(5) ア．水素　イ．黒点　ウ．低い

◇ 解説 ◇

1 (1) Bは春分・秋分，Cは夏至の日の太陽の動き。

2 (1) 図は北極が上になっているので，地球の自転の向きは反時計回り。

(2) 地球の公転の向きは反時計回り。

(3) 日本は北半球にあり，夏至のとき昼の時間がもっとも長くなる。Bは北半球が太陽のほうに傾いているので夏至。Aは春分，Cは秋分，Dは冬至。

3 (1) 北極星はほぼ地軸の延長上にあるため，ほとんど動かないように見える。

4 (3) 月のように満ち欠けをするのは，地球の内側を公転している惑星。

5 (4) ② 地球から見た金星は，太陽から大きく離れることがないため，夕方の西の空か，明け方の東の空で見られる。